PANEGYRIQUE

DE

SAINT REMY,

ARCHEVÊQUE DE REIMS,

Apôtre de la France;

PRONONCÉ

Dans l'Eglise Paroissiale de Gif
le jour de la Fête, le premier
Octobre 1754.

Par M. BALLET ancien Curé de cette
Paroisse, Prédicateur de la Reine.

A PARIS,

Chez CLAUDE HERISSANT, rue Neuve Notre-
Dame, à la Croix d'or & aux trois Vertus.

M. DCC. LV.

Avec Approbation & Privilége du Roi.

AVERTISSEMENT.

A Yant renoncé à la Prédication, à cause
de mes infirmités ; j'ai donné au
public trois volumes de Panégyriques, &
cinq volumes de Prônes sur les Comman-
demens de Dieu, dont les deux derniers
vont paroître dans peu ; & je me suis fixé
à composer des Traités de piété, pour être
utile aux fideles dans ma retraite.

J'ai déja donné le Traité de la Dévotion
à la sainte Vierge, celui de la Pénitence
du Carême, & des Instructions sur le
Jubilé ; & je donnerai incessamment un
Ouvrage intéressant en deux volumes in-12.
Comme tous ceux dont j'ai l'honneur d'être
connu, sçavent la promesse que j'ai faite
de ne plus composer de Panégyriques, ils
seront sans doute surpris de voir paroître
celui de saint Remy. Mais ma réponse est,
que je n'ai pû me refuser aux sollicitations
de mon successeur que j'estime & chéris,
& de mes anciens Paroissiens que je
porte toujours dans mes entrailles. Ils me
reprochoient d'avoir omis l'Eloge du Pa-
tron d'une Paroisse que j'ai gouvernée
long-temps : j'ai trouvé le reproche juste,

AVERTISSEMENT.

je me suis rendu : je souhaite que ce Panégyrique auquel je me suis appliqué singuliérement, soit du goût de ceux qui ont mes autres Ouvrages.

Les sollicitations de plusieurs personnes éclairées m'ont aussi déterminé à faire imprimer chez Monsieur Herissant, à la suite de ce Panégyrique, un Discours que j'ai prononcé en 1733. dans l'Eglise saint Merry en recevant l'abjuration d'un Calviniste que j'avois instruit : il sera suivi d'une explication étendue qu'il m'avoit demandée sur tous les articles de la profession de Foi que le saint Concile de Trente a dressée. Ce petit Ouvrage sera imprimé sans retardement après ce Panégyrique.

PANEGYRIQUE

DE
SAINT REMY,

ARCHEVESQUE DE REIMS,

Apôtre de la France.

*Quis poteſt ſimiliter ſic gloriari tibi ? Qui ſuſtu-
liſti mortuum ab inferis : .... qui ungis
Reges ad pœnitentiam, & Prophetas faciʂ
ſucceſſores poſt te.*

*Qui peut ſe glorifier comme vous ? Vous avez
reſſuſcité des Morts : .... vous avez ſacré les
Rois que Dieu ſuſcitoit pour punir les Princes
idolâtres : vous avez formé des Prophètes
animés comme vous de l'Eſprit de Dieu. Eccli.
cap. 48.*

C'EST l'Eſprit ſaint, Meſſieurs,
qui emploie ces traits brillants
& ſublimes, pour caractériſer
la ſainteté extraordinaire d'un
des plus grands ſerviteurs de Dieu :
l'éloge qu'il conſacre à ſa mémoire eſt

A iij

grand, magnifique, & pompeux : en trois mots il dépeint l'homme de miracles, l'Apôtre des Rois, le maître & le modèle des Prophètes.

Il y a une majestueuse simplicité, & un sublime ravissant dans l'Ecriture, que les plus grands Orateurs ne sçauroient trop admirer : les graces de l'éloquence humaine que nous y ajoûtons, font comme un voile qui dérobe ces divines beautés.

En effet, Messieurs, tout ce qu'il y a de grand, d'important, d'admirable, de divin, n'est-il pas renfermé sous ces trois traits que le Saint-Esprit emploie pour louer l'incomparable Elie ?

Non-seulement il fut Prophète, mais le pere d'une multitude de Prophètes qui habitoient les monts solitaires du Carmel : plusieurs retracerent son zele ; Elizée fut rempli de son esprit, & parut avec éclat dans la Judée : *Prophetas facis successores post te.*

Il répandit l'huile sainte sur la tête des Rois d'Israël ; Hazael & Jehu, ces hommes choisis de Dieu, pour poursuivre les Princes idolâtres, les défaire, & venger le culte du vrai Dieu qu'ils avoient voulu abolir : *Ungis Reges ad pœnitentiam.*

Il parut dans l'éclat des prodiges : la puiſſance divine qui agiſſoit en lui, le montroit aux Monarques comme l'arbitre de la nature : ſa voix qui étoit alors celle de Dieu même, étoit entendue dans le creux des tombeaux ; elle en appelloit les morts, & ils ſortoient pleins de vie : *Suſtuliſti mortuum ab inferis.*

Voilà, Meſſieurs, l'idée préciſe & magnifique que le Saint-Eſprit nous donne de la vie d'Elie, dans le pompeux éloge qu'il conſacre à ſa mémoire.

Vous me prévenez ſans doute, Meſſieurs ; ces traits ſublimes caractériſent ſi parfaitement le grand ſaint Remy l'Apôtre de la France, que vous avez déja conçu le plan de l'Eloge que j'ai l'honneur de conſacrer aujourd'hui à ſa mémoire.

En effet, Meſſieurs, ſans vouloir obſcurcir ici la gloire de tous les grands Evêques de l'Egliſe Gallicane, ne puis-je pas dire : Qui peut ſe glorifier d'avoir retracé depuis lui les merveilles de ſon apoſtolat ? *Quis poteſt ſimiliter ſic gloriari ?*

Non-ſeulement il fut un grand Evêque, mais il a formé de grands Evêques, fondé des Egliſes, établi des Siéges dans tout l'Empire des François, il a eu des disciples qui ont retracé ses vertus, son zele, perpétué ses travaux : *Prophetas facis successores post te.*

Quelle gloire ne s'est-il pas acquise dans la conversion du grand Clovis, ce Prince belliqueux, ce premier de nos Rois Chrétiens ? En répandant l'huile céleste sur sa tête, en lui faisant briser ses vaines idoles, & le soumettant aux abbaissemens de l'Evangile, n'a-t'il pas fait monter pour toujours la doctrine de Jesus-Christ sur le Trône des François : *Ungis Reges ad pœnitentiam.*

Reims n'a-t'il pas été le théatre de ses miracles ? N'a-t'il pas été appellé le Thaumaturge de son siécle par les Rois Chrétiens, & les Princes Arriens même ? dans les Assemblées du Clergé de France, dans les Conciles des Gaules, & par les souverains Pontifes ? La résurrection d'un mort n'a-t'elle pas attesté que la Puissance divine agissoit en lui ? *Sustulisti mortuum ab inferis.*

Aussi, Messieurs, j'ose me flatter que je vous donne une juste idée du saint Pontife dont nous célebrons aujourd'hui la mémoire, en vous le représentant sous les traits que je viens de vous dévefopper. Vous verrez, en suivant l'histoire fidelle :

Division. { Le modèle des Evêques, L'Apôtre des Rois, Le Thaumatuge des Gaules.

Voilà le plan d'un Eloge que la tendresse pastorale m'a fait entreprendre, & dont je sens tout le poids.

Vierge sainte, Mere de Dieu, que ce grand Pontife honora toute sa vie d'un culte pieux & magnifique (1), obtenez-moi par votre puissante intercession les lumières du Saint-Esprit : écoutez favorablement la prière que nous vous adressons. *Ave, Maria.*

PREMIERE PARTIE.

C'EST beaucoup, Messieurs, de répondre à la sainteté du Sanctuaire, d'en soûtenir avec dignité les premiéres pla-

______

(1) S. Remy étendoit le culte de la sainte Vierge avec un zele incroyable : en érigeant l'Evêché de Laon, il voulut que la Cathédrale fût sous la protection de Marie, comme sa Métropole. De douze Cathédrales qui pendant plus d'onze cents ans composoient la province de Reims, six portoient le nom de la sainte Vierge. *Du Saussay, Glor. sancti Remigii, lib. 3. pag.* 108.

ces : tel eſt le mérite des grands & des ſaints Evêques. Mais être ſaint & former des Saints : être un grand Pontife & former de grands Prélats : gouverner ſon Egliſe & en fonder de nouvelles : devenir le pere, le maître, le modèle des ſentinelles d'Iſracl ; l'aſtre qui éclaire les lumières mêmes poſées ſur le Chandelier de l'Egliſe : cette gloire eſt particuliére au Saint que je loue. Je me repréſente un Paul qui a des diſciples, qui fonde des Egliſes, & leur donne des Paſteurs. L'éclat de ſa ſainteté, la pureté de ſa doctrine, l'ardeur de ſon zele, le firent regarder comme le prodige de ſon ſiécle : ſous ſa conduite ſe formerent les plus grands hommes ; des Saints, des défenſeurs de la Foi, des Apôtres : *Facis Prophetas ſucceſſores poſt te.*

Quelle ſainteté, Meſſieurs, que celle de Remy ! qu'elle eſt admirable ! Dieu l'annonce, la promet : il montre par avance ſon éclat, ſon empire, ſes conquêtes ; elle doit ſanctifier une nation barbare & féroce, détruire l'idolatrie, confondre l'Arrianiſme, s'attirer le reſpect des Princes payens, & attacher au char de l'Evangile les peuples attachés au char du Démon.

Il n'est pas nécessaire, Messieurs, de vous rappeller l'état déplorable où étoient les Gaules dans le sixiéme siécle : il me suffit de vous dire que dans ces jours malheureux Dieu se servit des François belliqueux pour jetter les fondemens de la Monarchie Françoise : cette Monarchie dont les accroissemens ont été si immenses, si brillants, & qui est aujourd'hui la plus opulante, la plus puissante, la plus policée, & la plus magnifique de l'Europe.

Reims, cette ville distinguée que saint Jeróme met au rang des plus fortes & des plus célébres Villes des Gaules (1), sera le grand théatre des miséricordes du Seigneur : elle sera le berceau de la Monarchie Françoise : Remy son Pontife sera l'Apôtre du premier Roi Chrétien.

Dieu annonce ces merveilles au Solitaire Montan, dans le temps même que les Barbares répandus dans les Gaules Belgiques, assiégent & prennent Reims (2).

(1) *Remorum urbs præpotens.* S. Hyeron. Epist. ad Ageruch.

(2) Montan étoit un Saint qui vivoit dans une solitude auprès de Laon : il étoit aveugle. Ce fut à lui que Dieu révela la naissance de Remy, & sa haute destinée. Il le chargea d'aller

Déja le deüil eſt univerſel, on maſſa-
cre les Chrétiens, le ſang coule de toute
part , on y compte preſqu'autant de
martyrs que d'habitans : Nicaiſe les exhorte, les encourage par ſes exemples ,
& ſes prières : le Ciel écoute les vœux
du ſaint Evêque ; une puiſſance divine
répand la terreur dans le camp des ennemis : ſaiſis , épouvantés , ils prennent la
fuite.

O Ville, ô Province, chéries du Ciel !
Dieu vous prépare encore de nouvelles
graces, de nouveaux prodiges de miſéricorde : vos larmes ſeront à peine
eſſuyées ; Baruch, ſucceſſeur de Nicaiſe,
ſera encore occupé à recueillir avec peine les débris de votre Egliſe déſolée ,
que Remy paroîtra : Dieu le ſuſcite pour
être le libérateur de ſon peuple, l'Apôtre des François ; changer une nation
féroce & idolâtre, en une nation policée
& chrétienne , & faire regner pour
toujours la véritable Religion ſur le
Trône.

trouver Célinie, pour l'aſſurer que quoiqu'elle
fût dans un âge avancé , elle étoit deſtinée
pour être la mere de l'Apôtre des François.
Quand Remy fut né, le ſaint Solitaire recou-
vra la vuë. *Hincmare, vie de S. Remy,* cap. 11.
Flodoard, Hiſt. lib. 1. cap. 11.

Quel

Quel homme, quel Pontife, destine-t'il donc au Siége de Reims, puisqu'un Prophète annonce sa naissance, son apostolat, ses succès ! Jugeons, Messieurs, de l'éclat de sa sainteté par les magnifiques préparatifs qui l'ont annoncé.

Sainteté de Remy, qui a brillé en lui dès l'enfance : les plus éminentes vertus ont sanctifié ses plus tendres années : il montra à sa nation étonnée l'innocence & la pénitence d'un Jean-Baptiste.

Ce fut, Messieurs, vous le sçavez, parce qu'il égala & surpassa même les vieillards de son siécle, en gravité, en prudence, en lumières, en sagesse, qu'on le força à vingt-deux ans de remplir la Chaire Pontificale de Reims : on ne viola point la disposition des saints Canons ; on obéit à la voix du Ciel qui le demandoit : sa vocation fut divine : des miracles éclatans garantirent le choix de Dieu.

Ce fut lui-même qui inspira au peuple de Reims la violence qu'il fit à Remy pour l'arracher à sa solitude : c'est par son ordre qu'on tira cette brillante lumière cachée dans la retraite, pour la placer sur le Chandelier de l'Eglise.

Les Ambroise, les Chrysostôme, les Martin de Tours, les Gregoire le Grand, ont été ainsi choisis par la voix du Ciel.

Sainteté de Remy, qui semble s'être communiquée à toute sa famille.

Famille sainte, précieuse, composée d'Elus, de ces Chrétiens rares qui meritent la vénération de la terre, & qui ne la quittent que pour aller jouir de l'immortalité glorieuse dans le Ciel : tels furent, Messieurs, les parens de Remy. Ils furent les premiers admirateurs de la sainteté de Remy ; ils furent ses premiers imitateurs : ils ne furent point des spectateurs steriles des sublimes vertus qu'il pratiquoit sous leurs yeux ; leur vie les retraçoit : aussi sont-ils honorés dans les fastes de l'Eglise, leur rend-on un culte public, & voyons-nous des Temples somptueux consacrés à Dieu en leur honneur (1). Qu'une sainteté si

(1) Célinie mere de S. Remy, Principe & Loup, ses freres, tous deux Evêques de Soissons, sont mis au rang des Saints que l'Eglise honore d'un culte publique. L'on voit encore des Eglises qui portent leurs noms dans les Diocéses de Reims, de Laon, & de Soissons. *Du Sauffay, Martyrol. Gallic.*

Sa nourrice sainte Balsamie, Celsin son fils, frere de lait de Remy, & ensuite son disciple, sont aussi au nombre des Saints. Il y a à Reims

extraordinaire devoit faire de vives im-
preſſions ſur les cœurs ! Que ſes charmes étoient puiſſants pour perſuader la
vertu ! Auſſi, Meſſieurs, non-ſeulement
il forma le peuple à la piété, mais encore de grands Saints dans l'Egliſe, des
défenſeurs de la Foi, des Apôtres.

N'attendez pas, Meſſieurs, que je
vous nomme ici tous les diſciples de
Remy. Quel Prince Chrétien ? quel Evêque ? quel Solitaire ? quel Saint, qui
ne ſe fit pas gloire de l'écouter & de
l'imiter ?

Vous montrerai-je ces Miniſtres des
Autels arrivés à Reims, du fond des Iſles
Britanniques, pour ſe former ſous ſa con-
duite au ſaint Miniſtere ?

Vous parlerai-je de l'eſtime que l'illuſ-
tre ſainte Geneviéve en faiſoit ? des conſolations qu'elle goûtoit dans ſes entretiens tout céleſtes ? Conſolations qui la
faiſoient voler trois fois l'année à Reims,
pour écouter le ſaint Pontife (1).

une Egliſe Collégiale qui porte ſon nom. Montan qui a annoncé la naiſſance de Remy, eſt
honoré à Laon le 17. Mai. *Marlot. Hiſt. Rem.
tom. 1. lib. 1. cap. 33.*
(1) Geneviéve cette fille miraculeuſe, après
la mort de S. Germain d'Auxerre qui l'avoit

Eſt-il néceſſaire que je vous nomme ſes principaux diſciples ? Saint Vaſt, ſaint Médard, ſaint Antimond, ſaint Gennébaud, ſaint Léonard, ſaint Thierry ne font-ils pas encore ſa gloire ? N'eſt-ce pas lui qui les a formés dans la ſainteté & le Miniſtere ? Ces grands Evêques, ces ſaints Solitaires ne l'ont-ils pas honoré comme leur pere ? ne l'ont-ils pas copié comme le plus excellent modèle des vertus chrétiennes & apoſtoliques ? *Facis Prophetas ſucceſſores poſt te.*

Tous ces grands hommes que Remy avoit formés, embraſſerent ſa doctrine; doctrine pure, orthodoxe, qu'il avoit reçue de l'Egliſe Romaine.

Ici, Meſſieurs, permettez-moi de déplorer l'aveuglement de nos freres

---

conſacrée à Dieu dès ſon enfance à Nanterre, fut inſpirée de Dieu de s'adreſſer au ſaint Archevêque de Reims. Clovis frappé de l'éclat des vertus de Geneviéve & de ſes miracles, n'étant encore que payen, informé des fréquents voyages qu'elle faiſoit à Reims pour conſulter le ſaint Pontife, lui donna deux métairies qui étoient ſur le chemin de Paris à Reims, afin qu'elle pût y loger, & s'y nourrir : la Sainte les donna à S. Remy; S. Remy les donna à ſon Egliſe. *Teſtam. ſancti Remigii.* Baronius, an. 499.

séparés : je fais attention à la doctrine
de saint Remy, à la foi qu'il annonçoit
il y a près de douze cents ans.

Et je vois qu'il croyoit ce que nous
croyons, & ce qu'ils contestent. Quelle
honte pour ceux qui se laissent séduire
par les charmes de la nouveauté ! Quels
reproches ne meritent-ils pas , d'avoir
abandonné la doctrine de ce grand Apôtre des François !

Quelle étoit en effet, Messieurs , la
doctrine de saint Remy ? Vous le sçavez : celle qu'il avoit reçue du Vicaire
de Jesus-Christ : celle que les premiers
hommes Apostoliques venus de Rome
avoient prêchée dans les Gaules : celle
que saint Nicaise venoit de sceller de
son sang : celle que les Apôtres ont
prêchée : celle que les premiers Conciles ont reçue avec joie & avec respect : celle que l'Eglise Romaine toujours vierge dans sa foi a envoyé annoncer dans tous les Royaumes : celle que
saint Denys avoit fait embrasser à nos
peres, plus de trois cents ans avant la
naissance de notre saint Pontife.

Voilà la doctrine que saint Remy professe , enseigne , & que ses disciples
embrassent avec soumission.

B iij

Si vous faites attention , Messieurs, au temps où saint Remy vivoit, & surtout aux premiéres années de son Episcopat , vous avouerez qu'il étoit bien glorieux alors de professer la doctrine de Jesus - Christ , & la foi de l'Eglise Romaine.

Les payens méconnoissoient la doctrine de Jesus - Christ : les Arriens la combattoient.

Le Paganisme florissant dans toutes ces vastes Provinces avoit des temples, des autels , des prêtres : les peuples & les Monarques étoient livrés au culte des idoles , & ne rougissoient point d'offrir leur encens à de fausses divinités : l'Arrianisme dominoit , des Princes puissants goûtoient cette détestable héréfie : elle avoit des Sçavans, des Prêtres , des Evêques, des Princesses illustres qui la défendoient & l'accréditoient.

C'est dans ces jours de ténébres & d'erreurs, que saint Remy professe & enseigne la doctrine des Apôtres.

Dans tous les Conciles qui se tiendront après lui dans les Gaules, on y louera, on y approuvera la doctrine de Remy : il y sera nommé la gloire & la lumière de l'Eglise Gallicane.

Qui n'auroit pas reconnu la doctrine de l'Eglise dans celle que Remy annonçoit ? Il prêchoit ses dogmes, il se servoit de ses expressions : Prédicateur zelé de la vérité, il la faisoit connoître & aimer : ennemi déclaré des nouveautés, il les découvroit, les combattoit, les réfutoit : ses lumières, son zele, son érudition le rendoient terrible aux herétiques. Quelle horreur ne conçut-il pas de ces hommes audacieux qui franchissent les bornes sacrées que nos Peres dans la foi ont suivies.

Un Pontife dont la doctrine étoit si pure, ne s'écartoit pas, Messieurs, de l'Esprit de l'Eglise, lorsqu'il s'agissoit de la conduite des ames : il ne donnoit point dans une séverité que cette tendre mere a toujours condamnée, ni dans un relâchement qu'elle a toujours déploré : il marchoit entre les deux extrémités vicieuses ; & exhortoit ses disciples à y marcher, & à ne point suivre les mouvemens d'un tempérament trop austere, ou trop indulgent.

Les plus saints Pasteurs ont toujours penché du côté de la clémence : ils sçavoient qu'ils représentoient le Sauveur de tous les hommes, qui suspendit la douceur qu'il faifoit éclater envers les pécheurs pénitents, pour invectiver coñtre l'orgueilleufe auftérité des Pharifiens, & condamner le fyftême de févérité dont cette fecte fe faifoit gloire.

Remy, Meffieurs, fidèle difciple du Prince des Pafteurs, penchoit auffi du côté de la clémence. Faut-il vous en donner une preuve ? écoutez ce faint Pontife lorfqu'il inftruit les Miniftres de la réconciliation.

Mes freres, leur dit-il, appliquez-vous à gagner les pécheurs, & à ne les point rebuter : reffouvenez - vous que JESUS - CHRIST notre divin modèle ne nous a pas établis pour être les miniftres de fa colère, mais les miniftres de fa clémence.

Elle eft vénue jufqu'à nous, Meffieurs, cette divine doctrine : les difciples de faint Remy l'ont prêchée à nos peres ; les Evêques qu'il a formés, l'ont établie dans leurs Diocéfes : animés de fon Efprit, de fa foi, ils ont fait briller la lumière de l'Evangile, diffipé les ténébres de l'erreur, enfeigné la faine morale : imitateurs de fon zele comme de fon attachement à l'Eglife, ils l'ont perpétué par leurs travaux. Remy eft retracé dans tous ces grands hommes ; & l'on peut dire qu'il vit encore dans le corps refpectable des Evêques de l'Eglife Gallicane unis au faint Siége : *Facis Prophetas fucceffores poft te.*

Le zele de Remy étoit un zele apoftolique, immenfe, divin. Je me repréfente le zele du grand Paul qui forme des Timothée, des Tite, des Sylas ; qui s'étend dans toutes les Eglifes, dans toutes les Provinces : un cœur vafte que la divine charité embrafe, tranfporte ; que le falut de fa nation occupe : j'ofe le dire, Meffieurs, le cœur même de Jesus-Christ qui s'ouvre à tous les mortels, qui voudroit qu'aucun ne périffe, mais que tous viennent à la connoiffance de la vérité.

Ne m'accufez pas, Meffieurs, d'exagération : ne penfez pas que le defir d'élever mon Héros au deffus des autres Pontifes m'ait porté à le comparer à l'Apôtre des nations.

Ses travaux, fes fuccès, l'état déplorable où étoit alors cette feconde portion de la Gaule Belgique, les changemens miraculeux de mœurs, de Religion que nos peres ont vûs de fon temps, juftifient ce parallele, tout glorieux qu'il foit : rappellons les faits les plus certains, les plus éclatans.

N'a-t'il pas, comme faint Paul, fondé des Eglifes, établi des Siéges, envoyé des Evêques, ou plutôt des Apôtres animés de fon efprit ?

Revêtu de l'éminente dignité de Légat du fouverain Pontife, n'eft-ce pas lui qui a érigé des Chaires Pontificales à Laon, à Arras, à Térouanne aujourd'hui Saint-Omer ? Les Vaft, les Antimond, les Gennebaud, les premiers Evêques n'ont-ils pas été des Apôtres qui ont prêché la foi, & foumis leurs Provinces au joug de l'Evangile (1) ?

Cambray & Tournay ne lui font-ils pas redevables des plus grands & des plus faints Pontifes qui ont gouverné leurs

(1) C'eft en qualité de Légat du faint Siége, que Remy fondoit des Eglifes, & érigeoit des Evêchés. Le Pape Hormifdas lui donna ces pouvoirs, comme nous le voyons dans une belle lettre qu'il écrivit au faint Archevêque. Après avoir répondu à Clovis qui lui avoit écrit & envoyé de riches préfens ; après avoir loué fes vertus, fa doctrine, fon attachement au faint Siége, l'avoir congratulé fur la converfion de Clovis, il le déclare fon Vicaire & fon Légat dans tous les Etats de ce Prince. *Baronius*, *an.* 451.

Eglifes, lorfque la lumière de l'Evangile ne faifoit encore que percer les ténébres de l'idolatrie ?

N'a-t'il pas fondé des Eglifes, & envoyé des Pafteurs dans tous les lieux qui étoient fous la domination de Clovis ? Les peuples les plus féroces, les plus éloignés, cachés dans les montagnes, les forêts, ont-ils échapé aux ardeurs de fon zele ?

Or, Meffieurs, cette follicitude, ces travaux, ces Eglifes nouvellement fon-dées, ces hommes Apoftoliques répandus par-tout, ces merveilleux aggrandiffe-mens de l'Eglife de France ne caracteri-fent-ils pas un zele infpiré de Dieu ? ne retracent-ils pas celui du grand Paul ?

Que dirai-je de fon zele pour détruire l'Arrianifme ? cette héréfie facrilége & monftrueufe, fiére & rempante, fouple & hardie, qui a duré fi long-temps, qui s'eft étendue dans tant de Provinces & d'Empires, qui a féduit tant de Prin-ces & de Sçavans, & qui, lorfque Remy parut, regnoit avec l'idolatrie dans pref-que toutes les Gaules. Pouvons-nous trop admirer fon ardeur, fon activité, fa prudence, fes fuccès ? Vit-il fans dou-leur la divinité du Verbe éternel com-

battue, & la foi de Nicée rejettée ? Non,
Meſſieurs , il ſe hâte d'arracher cette
yvraie , ſemée adroitement avec le bon
grain, & cachée habilement ſous des ex-
preſſions équivoques : déja je vois les
Evêques de la Bourgogne aſſemblés â
Lyon : je vois des conférences célébres ;
on y lit les lettres de Remy. A ce nom
le Monarque & les Prélats ſont ſaiſis d'un
ſaint reſpect.

C'eſt , diſent-ils le ſaint Pontife de
Reims, le deſtructeur des idoles , celui
qui a donné un Conſtantin à l'Egliſe ,
qui nous conjure de nous unir à lui pour
détruire l'Arrianiſme : imitons ſon zele.
Les vœux de Remy ſont exaucés : tous
confeſſent la Divinité de JESUS-CHRIST,
reçoivent la foi de Nicée , frappent
d'anathêmes l'Arrianiſme , & le pour-
ſuivent juſque dans ſes derniers retran-
chemens. (1)

Quel ſuccès n'eut pas encore ſon zele
dans le Concile qu'il aſſembla , où il
préſida , & dont il fut l'ame , la gloire

(1) Diſcours d'Etienne Evêque de Lyon à Gon-
debaud roi de Bourgogne. La célébre conférence
avec les Arriens ſe tint à Lyon le jour de la fête
de S. Juſt au ſépulchre du même Saint. *Tom.* 4.
Concil. edit. Pariſ.

&

& l'oracle ? Son érudition y brilla , mais sans effacer l'éclat de sa sainteté : si les Peres le regarderent comme la lumière des Evêques , ils le regarderent aussi comme l'Ange du Seigneur ; ce sont , Messieurs , leurs expressions (1). Un seul Evêque Arrien , nouveau Goliat , venu armé de tous les argumens de son parti , pour insulter aux camps d'Israël , lui ré-siste , lui manque de respect : Dieu le punit , sa lanque devient muette.

Le Seigneur renouvelle ce prodige long-temps après la mort du Saint , pour approuver son zele. Dans un autre Con-cile la présence de son saint corps lie la langue d'un Evêque Simoniaque. Leon IX. qui étoit présent , dit de Remy ce que les Peres du Concile de Calcédoine disent de Flavien : Le saint Pontife Remy vit encore , son zele éclate encore contre l'erreur (2).

(1) *Sicut Angelus suscipitur* , dit Hincmare. Quand il parut dans l'assemblée , tous les Peres se leverent , & le reçurent comme un Ange. 57. *Baron.* 514.

(2) Les Peres du Concile de Calcedoine avoient dit : *Ecce veritas , Flavianus post mortem vivit.* Leon IX. dans le Concile de Reims : *Adhuc vivit beatus Remigius.* Action 11. du Concile de

Se rallentit-il, Meſſieurs, ce zele de ſaint Remy ? ceſſa-t'il de briller, d'éclairer ? & ne pourroit-on pas dire avec le Saint-Eſprit, qu'il parut comme un feu ardent qui embraſoit tous les cœurs de ſes divines ardeurs ? *Surrexit quaſi ignis* (1). Quel zele pour annoncer la divine parole ! Sa carrière qui fut ſi longue, nous montre-t'elle des jours vuides ? Se crut-il diſpenſé de prêcher dans un âge même très-avancé ? N'eſt-ce pas au contraire dans cette ſaiſon de la vieilleſſe deſtinée ordinairement au repos , qu'il traverſe la Lorraine , pénétre dans les montagnes des Volges, alors inacceſſibles, & qui n'offroient par-tout que des abyſmes, pour y prêcher l'Evangile ? & n'égala-t'il pas les Apôtres par ſes prédications & ſes ſuccès (2) ?

Comment, Meſſieurs, ſes prédications n'auroient-elle pas été ſuivies de glorieux ſuccès ? Jamais, au rapport des plus ſaints & des plus ſçavants hommes de ſon

Calcedoine. *Bin.* tom. 5. Concil. Mart. cap. 29. *Baron.* 1049.

(1) Eccli. cap. 48. v. 1.
(2) Du Sauſſai, *Glor. S. Remigii* , lib. 3. 113.
Il y a plus de 800 Paroiſſes dédiées à S. Remy dans la Lorraine, qui le regarde auſſi comme ſon Apôtre.

temps, Prédicateur n'eut des talens plus distingués pour la Chaire.

Une éloquence douce, aisée, pieuse, touchante ; une onction toute céleste, que Dieu donnoit à ses paroles, lui attiroient des auditeurs en foule : on venoit de différentes provinces écouter le Pontife de Reims, comme l'oracle de son siécle.

Quel cœur résistoit à l'onction qui accompagnoit ses discours ? Quel pécheur, disent ceux qui ont loué ses brillants talens, a pû résister aux charmes victorieux de sa parole ? Prêcha-t'il une seule fois sans entendre des soupirs, sans voir couler des pleurs, sans voir à ses pieds des pénitens sinceres, & sans être consolé par d'éclatantes conversions (1) ?

Quel plaisir ne trouvoit pas Clovis, lors même qu'il étoit encore livré à la vanité des idoles ! Des charmes innocents ne s'emparoient-ils pas de son cœur, lorsqu'il lui parloit des vérités éternelles ? S'il le regardoit comme son pere, & son prophète avant son baptême, n'est-ce

______

(1) Sidoine Apollinaire, Evêque illustre, dans une lettre à Principe frere de S. Remy, Evêque de Soissons. *Epist.* 14. *lib.* 8. Hincm. *vit. Remig.* 10.

pas parce que les entretiens du faint
Pontife le raviſſoient & perſuadoient ſon
eſprit ?

Si ſa brillante réputation attira des
Princes & des Princeſſes à ſes prédications, n'admirerent-ils pas des talens
plus victorieux du cœur humain, que
ceux qu'ils s'étoient repréſentés ? ne de-
vinrent-ils pas tout à la fois ſes auditeurs,
& ſes conquêtes (1) ?

Mais non-ſeulement, Meſſieurs, notre ſaint Prélat fut le plus grand Prédicateur de ſon ſiécle ; mais il fut encore
l'oracle de l'Egliſe par ſes lumières &
ſa profonde érudition.

Nous poſſéderions, Meſſieurs, tous
les ouvrages de ce ſaint Pontife, ſi les
injures des temps ne nous les avoient
pas enlevés; mais les témoignages, les
éloges des Sidoine, des Hincmare, des
ſouverains Pontifes & des oracles même
de la Littérature ne nous permettent pas
de douter des riches productions de
ſa ſcience : ce qui nous reſte, nous

(1) Le Seigneur de Rétel & ſon épouſe après
une prédication du Saint ſont ſi touchés, qu'ils
demandent le Baptême & renoncent au Paganiſme : *Du Cheſne*, Collect. Hiſt. Franç. *Le
Cointe*, Ann. Eccleſ. Franç. *ann.* 497.

fait regretter ce que nous avons per-
du (1).

Ne voit-on pas briller la plus profonde érudition , & la plus haute piété
dans ses Commentaires sur l'Ecriture ,
& dans ses Lettres au grand Clovis ?

Parlerai-je de son testament , où la
charité, la sagesse , la prudence, l'ordre ,
l'habilité regnent , & annoncent le Saint ,
le sçavant ? Qui ignore que cet Ouvrage
a toujours été précieux aux grands hommes , & qu'ils l'ont vengé de la critique ,
toujours hardie , & rarement moderée &
sans abus en matière de piété ?

Je n'aurois garde, Messieurs , d'ajoû-
ter à la gloire de ses rares vertus &
de ses éclatants miracles , celle d'une
solide & vaste érudition , si elle n'étoit
pas attestée par ses contemporains, & ceux
mêmes qui auroient eu interêt de la
contester.

(1) Sidoine marque à S. Remy, qu'il a lû un
nombre considérable de ses volumes , & en fait
l'éloge. *Epist.* 7. *lib.* 9. Hincmare , *vit. S. Remigii.* 10.
Le Pape Sylvestre II. recommande expressé-
ment de ne donner aucune atteinte au testament de S. Remy : *Salvo & inviolabili testa-
mento B. Remigii Francorum Apostoli.* Labb.
Bibliotheca nova. Baron. tom. 6. ann. 599.

Mais pouvois-je, en vous donnant une idée de son zele, passer sous silence des talens qu'il employa uniquement pour les interêts & la gloire de la Religion?

N'ai-je pas dit, Messieurs, qu'il fut le modèle des plus saints & des plus sçavants Prélats? Auroit-il dont été appellé la lumière des grands hommes mêmes, s'il n'eût pas été un sçavant distingué? Ses disciples les plus célebres ne firent que retracer ses vertus, sa doctrine, son zele, ses travaux, ses lumières : il fut leur modèle : *Facis Prophetas successores post te.* Il fut aussi, Messieurs, l'Apôtre des Rois : *Ungis Reges ad pœnitentiam.* C'est la seconde partie de son Eloge.

SECONDE PARTIE.

LA FRANCE, sous le régne de Clovis, étoit encore plongée dans les ténébres de l'idolatrie. Ce Prince guerrier & magnanime étoit par sa naissance dans le Paganisme, attaché malheureusement au char du Démon.

En possession d'un Empire dont il étendoit tous les jours les limites par sa valeur & ses conquêtes, il étoit assez aveugle pour s'imaginer qu'il n'avoit à redouter, & à défirer, que la colère ou la clémence des vaines idoles qu'il adoroit. Vous vous trompez, vaillant Monarque : c'eft dans le bruit des armes, la chaleur des combats, les horreurs d'une bataille fanglante, la défaite de vos puiffantes armées, que vous reconnoîtrez la puiffance fuprême du vrai Dieu que vous méconnoiffez, & l'impuiffance des Dieux que vous adorez.

En effet, Meffieurs, Dieu qui avoit formé des projets de miféricorde fur la France, les exécute : elle devient Chrétienne, l'afyle des défenfeurs & des protecteurs de la Foi orthodoxe ; Dieu lui donne un nouveau Conftantin.

La converfion du grand Clovis, fera à jamais la brillante époque de la profeffion folemnelle du Chriftianifme dans ce Royaume.

Il fufcite Remy, le protege, l'infpire, pour opérer ces divins & admirables changemens.

Clovis inftruit, touché, éclairé par cet Apôtre, fera un Roi pieux, zelé : il unira fon glaive à celui de Pierre pour défendre la Religion contre fes ennemis. Développons, Meffieurs, ces merveilles

du glorieux Apoſtolat de ſaint Remy : les
faits que je vais rapporter, ſont non-ſeulement célebrés dans les annales de l'Egliſe, mais encore conſervés dans les archi-
ves de cette floriſſante Monarchie : rien
de plus digne de votre attention.

Oui, Meſſieurs, c'étoit à Remy que
la divine Providence réſervoit la conquête du grand Clovis au Chriſtianiſme :
cette conquête qui a cauſé la chute du
Paganiſme dans les Gaules ; fait diſpa-
roître l'Arrianiſme, & toutes les erreurs
d'une nation féroce & barbare ; qui a
donné dans la perſonne de nos Rois, des
défenſeurs de la doctrine Catholique,
des Monarques zelés dans tous les ſié-
cles, qui ont mérité le glorieux titre de
fils-aînés de l'Egliſe.

Toutes les fois qu'il a été queſtion des
interêts de la Religion, Dieu a toujours
ſuſcité des hommes qu'il a remplis de
ſon Eſprit, & revêtus même de ſa puiſſance : tel fut Remy, Meſſieurs ; Dieu l'annonce, le promet : il paroît.

Dieu avoit ſes deſſeins en préparant
Remy à Clovis : il préparoit un Apôtre
à un grand Roi, & à une vaſte Province.

S'il ſe ſert des hommes pour le ſalut

des Nations, c'eſt après les avoir remplis de ſon Eſprit, & les avoir en quelque
ſorte élevés au deſſus de l'homme par
les hautes vertus qu'il leur fait prati-
quer, & la puiſſance divine qu'il leur
communique.

Le ſaint Pontife que je loue, nous
prouve ces magnifiques préparatifs, que
Dieu fait lorſqu'il s'agit de ces grands
hommes qu'il ſuſcite pour le ſalut d'une
Nation : un Prophète l'a annoncé, une
mere ſtérile l'a conçu, des miracles éclatants décorerent ſon berceau : Dieu a
déſigné ſes fonctions, ſes travaux, ſes
ſuccès : les plus hautes vertus & le don
des miracles monterent avec lui ſur le
trône Pontifical de Reims.

Ainſi fut recommandable, célebre,
ſaint, puiſſant, celui qui devoit attacher
le belliqueux Clovis au char de l'Evangile. Après la converſion de ce Prince livré
au culte des idoles, on verra la lumière
briller après les ténébres ; des Autels,
des Temples élevés de tout côté, des
Siéges établis dans toutes les Provinces,
le culte du vrai Dieu embraſſé, toute la
France Chrétienne.

On vit autrefois les Moyſe, les Elie,
les Jerémie, les Iſaïe, les Daniel paroî-

tre à la Cour des Rois, honorés d'une
miffion divine, y annoncer les oracles
du Seigneur, & y retracer fa puiffance.
On vit dans les premiers fiécles du Chriftianifme les Ambroife, les Chryfoftôme,
les Martin de Tours, les Hilaire, paroître à la Cour des Empereurs, en Apôtres, en Envoyés de Dieu pour défendre
la doctrine de l'Eglife, & s'y annoncer
par l'éclat des miracles.

On vit, Meffieurs, dans le cinquiéme
fiécle paroître auffi un de ces hommes
que Dieu prépare dans fa miféricorde
pour le falut de fon peuple, qu'il enri-
chit de fes dons : il fufcite Remy pour
être l'Apôtre du grand Clovis, & le
protege pour réuffir dans l'important pro-
jet de fa converfion.

Elle éclate, Meffieurs, la protection
du Ciel, lorfque Remy entreprend la converfion du grand Clovis ; les miracles
les plus éclatants font multipliés : tout
force ce Monarque à reconnoître le Dieu
de Remy & de Clotilde.

Ici, Meffieurs, fe retracent les prodiges que le Ciel opéra pour donner un
Conftantin à l'Eglife : la converfion de
Clovis fuit de près des fuccès brillants
& inefperés ; Dieu attache au char de

son Evangile ces deux vainqueurs , en abbatant miraculeusement leurs ennemis à leurs pieds.

La conversion du grand Constantin suit de près une victoire éclatante qu'il remporte sur ses ennemis : la conversion du grand Clovis suit de près la bataille inesperée qu'il gagne à Tolbiac.

Le signe de notre salut brille aux yeux de Constantin sous l'étendart de la croix. Ce Prince devient invincible, la victoire le suit par-tout ; ses troupes guerriéres entraînées par une ardeur toute céleste enfoncent les bataillons les plus épais , défont des armées formidables : la ter-reur, l'effroi se répandent dans les camps des ennemis : rien ne resiste à une poignée de soldats protégés du Ciel, armés de la croix,& combattant sous ses étendarts. Le bonheur de Constantin fut d'attribuer au seul Dieu des armées ces glorieux succès , d'embrasser la Religion Chrétienne dont il est l'auteur, & d'employer son autorité & son épée même pour étendre son culte & protéger son Eglise.

Lorsque le moment de la conversion de Clovis fut arrivé, Dieu retraça les mêmes merveilles ; Clovis retraça la même soumission & le même zele.

Clovis ce guerrier intrépide, accoûtumé à vaincre, se vit à Tolbiac sur le point d'être vaincu : l'armée des Allemands supérieure à la sienne touchoit au moment de la victoire ; celle de Clovis foible & abbatue touchoit au moment de sa défaite. Mais le Dieu que Remy prêchoit, que la pieuse Clodilde invoquoit, déploya sa puissance : il détacha la victoire du char des Allemands, pour l'attacher à celui de Clovis. Ce Prince vainquit, & le bonheur de ce Vainqueur fut d'attribuer à la seule protection divine ces inesperés succès.

C'est ainsi, Messieurs, que Remy fut protégé du Ciel dans la conversion du grand Clovis. Ce miracle le décida : il se fit gloire d'être vaincu par la bonté d'un Dieu qui l'avoit rendu le vainqueur de ses ennemis.

Ses préjugés sont détruits, ses ténébres sont dissipées, & ses doutes sont levés : les raisons de politique ne l'arrêtent plus. Après la journée miraculeuse de Tolbiac, il s'ouvre à saint Remy, il demande le baptême, il exhorte ses sujets à l'imiter, & il a la consolation de les voir voler avec ardeur sur ses pas : il les entend avec joie renoncer aux Dieux du Paganisme,

Paganiſme , & chanter la puiſſance du Dieu de Remy (1).

Si notre ſaint Pontife fut protégé par le Ciel dans la converſion de Clovis , il fut auſſi aidé , Meſſieurs , par les con-ſeils & les prières des plus ſaintes ames de ſon ſiécle.

Peut-on refuſer à ſaint Vaſt la gloire d'avoir eu part à la converſion du grand Clovis ? Ce Prince ne fut-il pas le trou-ver dans ſa ſolitude après la journée de Tolbiac ? Ne fut-il pas le premier dépoſi-taire des penſées que le Ciel avoit fait naître dans ſon cœur ? & n'accompagna-t'il pas ce nouveau Conſtantin juſqu'à Reims pour le mettre en les mains de ſon Apôtre (2).

(1) Harangue de Clovis à ſes troupes , & à ſes principaux ſujets, après la bataille de Tol-biac , & s'être ouvert à S. Remy, pour les en-gager à l'imiter ; ils répondirent tous : ,, Nous ,, renonçons de bon cœur aux Dieux mortels, ,, nous ne connoiſſons point d'autre Dieu que ,, celui que le S. Evêque Remy nous prêche. `` *Greg. Turon,* cap. 31. *Ammoin,* lib. 1. cap. 16, *de Geſt. Franc.*

(2) S. Vaſt étoit un ſaint Solitaire auprès de Toul en Lorraine. Clovis fut le trouver après la victoire qu'il avoit remportée à Tolbiac près de Cologne , lui confia ſes projets, & le pria de l'accompagner à Reims. *Alcuin, vita S. Vedaſti.*

D

De quel secours ne lui fut pas l'illus-tre Geneviéve ; cette Vierge en qui Dieu faisoit éclater toutes les merveilles de sa grace & de sa puissance, qui étoit le prodige de son siécle, & qui en faisoit l'admiration ! L'efficace de ses prières, la sagesse de ses conseils aidoient, & con-soloient le saint Archevêque.

Sainte Clotilde, cette pieuse Reine, cette tendre Epouse qui gémissoit depuis si long-temps sur l'aveuglement de Clo-vis ; qui faisoit sans cesse entendre aussi ses gémissemens & ses soupirs ; dont les vuës étoient si pures, les prières si arden-tes , les bonnes œuvres si abondantes ; qui connoissoit l'humeur, le caractère du Prince , & qui n'ignoroit pas non plus la route de son cœur : ne fut-elle pas une grande ressource à S. Remy pour réussir dans la conversion de ce Monarque (1) ?

Ah ! que je me plais , Messieurs, à considérer saint Remy avec ces deux Saintes! Occupée de la conversion de Clo-vis, que cette assemblée est respectable ! Dieu est sans doute au milieu d'eux ,

____

(1) Ste Geneviéve, Ste Clotilde & S. Remy conféroient souvent ensemble pour réussir dans la conversion de Clovis. *Du Saussay , Gloria B, Remigii ,* lib. 1, cap. 45.

comme il l'a promis ; puifqu'ils font affem-
blés en fon nom , & pour fa gloire.

Que leurs projets font beaux ! que
leurs entretiens font utiles ! que leur
ambition eft chrétienne ! L'Apôtre écoute
les confeils de Geneviéve & de Clotilde , il applaudit à leurs vœux , il eft
aidé de leurs prières , & Dieu l'infpire
pour exhorter & inftruire le grand Clovis , qui attend avec impatience le moment de fa regénération fpirituelle.

Dieu qui tient le cœur des Rois dans
fes mains, a touché, converti le difciple
de Remy : ce Prince eft devenu la conquête d'une grace puiffante & magnifique.

Déja fon cœur vole au faint Temple,
pour y être purifié dans le fang de l'A-
gneau fans-tache. Déja le jour pour cette
fainte & brillante cérémonie eft mar-
qué (1). Déja ce zelé Catéchumene a

(1) Quoiqu'il y ait une diverfité de fentimens
fur le jour & l'Eglife où Clovis fut baptifé ,
celui qui marque fon baptême au jour de Noël
& dans la Métropole, eft le plus fuivi , le
plus sûr , & le feul adopté des Sçavans. Flodoard dit que Louis le Débonnaire accorda les
murailles de la Ville pour rebâtir la Cathédrale ,
en reconnoiffance de ce que Clovis y avoit été
baptifé. *Hift. Remenf.* lib. 2. cap. 19. *Pere Ma-
billon*, premier fiécle de l'Hiftoire de fon Ordre.

gagné à Jesus-Christ plus de trois
mille perfonnes de fa fuite : il eft Apôtre avant même d'être Chrétien : déja le
faint Pontife tranfporté d'une fainte allegreffe fait les préparatifs d'une fête folemnelle.

La décoration extraordinaire de fon
Eglife , la magnificence des ornemens ,
l'art ingénieux des illuminations , la
pompe majeftueufe étalée fur le paffage
des Catéchumenes préfentent un fpectacle brillant & raviffant. On difoit hautement : C'eft un échantillon de la gloire
dont jouiffent les Bienheureux ; les cieux
fe font ouverts pour laiffer échaper ces
faintes beautés. Clovis le penfa, il le
demanda , ébloui , faifi d'un fi faint & fi
magnifique fpectacle. Mais le Pontife
lui répondit , & lui dit : Prince, ce fpectacle qui vous faifit d'admiration , n'eft
qu'une légere image des honneurs fuprêmes que les Bienheureux rendent à l'Eternel dans le Ciel : mais dans le culte
extérieur que nous lui rendons , il faut
avouer publiquement fa Souveraineté par
la magnificence des cérémonies. Le Paradis que je vous promets , & que vous
efperez préfentement , eft la récompenfe
du culte intérieur, de l'amour, de l'im-

molation , de l'obéïſſance à la Loi ;
on y arrive par la mortification & les
croix (1).

Ici, Meſſieurs, ſe préſentent des merveilles , que la plus brillante & la plus
vive éloquence auroit de la peine à vous
retracer : auſſi je ne me flatte pas de
vous les rendre avec ces traits heureux
qui leur conſervent tout leur grand &
tout leur ſublime.

Je ne vous dirai donc pas de fixer vos
regards ſur cette foule de Catéchumenes
qui entre dans le ſaint Temple avec un
air d'allegreſſe , vêtus d'habits blancs ;
ſur le ſaint Pontife qui conduit Clovis
ſon auguſte diſciple; ſur la pieuſe Clotilde , & toute la famille Royale. La piété , l'ordre , la décence ; une ſainte ardeur
d'être à JESUS-CHRIST , qui les anime ,
& les fait voler , vous édifieroient, vous
toucheroient : mais un ſpectacle encore
plus grand , plus digne de votre admi-

____

(1) Clovis frappé de la magnificence de cette
Fête, dit à S. Remy : Eſt-ce là , mon pere ,
ce Paradis que vous m'avez fait eſperer ? Non ,
Seigneur , lui répondit ce ſaint Pontife , ce n'eſt
que le commencement du chemin pour y arri-
ver. *Hincmare*, vie de S. Remy. *Gregoire de
Tours*, liv. 2. chap. 38.

D iij

ration s'offre à mes yeux, lorsqu'il s'agit du baptême de Clovis.

Le Ciel s'ouvre, une innocente Colombe apporte au saint Pontife une huile célefte pour facrer le grand Clovis.

Ce Baume facré, ce précieux préfent du Pere des miféricordes fervira à tous les auguftes Succeffeurs de Clovis : l'Eternel montre par ce prodige la protection qu'il accorde au Trône des François, en diftinguant ainfi nos Monarques.

O jour heureux pour la France ! ô époque précieufe de fon bonheur ! La Religion eft montée fur les Lis, elle n'en defcendra pas : jamais, jamais, le fchifme ou l'erreur n'obfcurcira le Trône des Succeffeurs de Clovis : nos Rois feront toujours les protecteurs & les défenfeurs de l'Eglife : à l'ombre de leur foi toujours pure, & de leur autorité refpectée, les fouverains Pontifes perfécutés y ont trouvé un afyle sûr & une puiffante protection.

Je n'ignore pas, Meffieurs, les attentats de la critique, quand il s'agit de cette merveille ; mais on doit les méprifer, lorfqu'une tradition refpectable, les témoignages des grands hommes, des Saints mêmes, la vénération des

Monarques, une raison saine, éclairée, nous la garantissent (1). Je n'entre pas

(1) Les Critiques qui combattent l'authenticité de la Ste Ampoulle, s'appuient sur le silence des Auteurs contemporains, de S. Gregoire de Tours, d'Avitus Evêque de Vienne : mais on n'ignore pas les dangereuses conséquences de cette objection sur bien des faits de la Religion. Personne ne doute que S. Remy n'ait été l'Apôtre de Clovis dans sa conversion ; cependant Fortunat qui a écrit la vie du saint Archevêque, n'en dit pas un mot.

Jugeons de-là de l'impression que doit faire l'argument négatif qu'on tire du silence des Auteurs contemporains.

Mais sans m'étendre davantage, je dis que les témoignages des grands hommes qui ont eu de la vénération pour cette merveille, meritent notre respect, & doivent nous suffire pour la regarder comme un fait grave dans l'Eglise, authentique & reconnu. Les voici.

Celui d'Hincmare, un Prélat illustre & dont la science est d'un grands poids. Il déclara ce miracle à Charles le Chauve à Metz dans l'Eglise Saint-Etienne avant de le sacrer, & en présence de toute sa Cour. En parlant de Remy qui avoit sacré Clovis, il dit : *Cœlitùs sumpto chrismate undè adhuc habemus, perunéti & in Regum sacrati.* Sirmon. tom. 3. Concil. Galliæ, anno 860. Car. Calv. 30. *pag.* 385.

Celui des souverains Pontifes qui l'ont révérée, Paul II. Sixte IV. Paul III. de S. Thomas : *Ex delatione olei desuper per columbam quo Rex præfatus (Clovis) fuit inunctus,* &

ici dans un combat litteraire : je loue un Pontife protégé & infpiré du Ciel pour convertir le grand Clovis, & l'inftruire de fes devoirs.

Ah ! que cet Apôtre eft grand ! qu'il eft puiffant dans cette fainte cérémonie ! Il montre alors toute la liberté évangéli-que : la préfence des Majeftés de la terre ne l'intimide pas. Apôtre fufcité, infpiré de Dieu, il annonce les vérités les plus terribles comme les plus confolantes : une onction toute célefte coule fur fes lévres, & en peu de mots il trace au Monarque tout le plan de fa pénitence.

Humiliez-vous, Sicambre, lui dit-il, fous la puiffante main du Très-haut : *Mitis depone colla, Sicamber* (1).

Ah ! ici, Meffieurs, je reconnois l'Apô-tre, l'homme infpiré de Dieu, qui parle en fon nom, qui le repréfente.

pofteri inunguntur. De Regimine Princ. lib. 2. cap. 16.

Quand on la porta à Louis onze au Pleffis-lès-Tours, avec quelle vénération le Parlement de Paris ne la reçut-il pas, quand l'Abbé de S. Remy qui la portoit, y arriva ?

(1) Les Sicambres étoient des peuples au-delà du Rhin, compris parmi les François : il donna ce nom à Clovis pour marquer l'origine de fon Empire.

On ne voit pas dans l'inſtruction du ſaint Pontife ces tours délicats , ménagés lorſqu'il s'agit de repréſenter aux Grands leurs devoirs ; ces noms diſtingués qui flattent l'orgueil humain ; ces louanges fines que l'on donne à des vertus médiocres ; ce lâche ſilence que l'on garde ſur de grands défauts ; ces coupables adouciſſemens, lorſqu'il s'agit de rigueurs évangéliques, de pénitence, de réparation. Jugeons-en , Meſſieurs , par le ſeul abregé de toute l'inſtruction que ſaint Remy fit à Clovis en le baptiſant : il renferme tous ſes devoirs.

Prince , lui dit-il , brûlez ce que vous avez adoré , & adorez ce que vous avez brûlé : *Incende quod adoraſti : adora quod incendiſti.*

Prince , que la foi vous faſſe découvrir les titres ſaints & glorieux que vous donne votre baptême ; vous êtes un Roi Chrétien, un diſciple de l'Evangile, un enfant de l'Egliſe ; le frere , la conquête de JESUS-CHRIST , le cohéritier de ſa gloire.

Servez-vous de votre puiſſance & de votre épée même pour faire regner dans tous vos Etats le Dieu de miſéricorde , qui vous fait paſſer des ténébres à l'admirable lumière de la foi. Que ce jour où vous profeffez folemnellement le Chriftianifme, foit la fameufe époque de la chute du Paganifme dans votre Empire.

Détruifez fes Temples, renverfez fes autels, brifez fes idoles, aboliffez fon culte : comme Prince Catholique, protégez l'Eglife contre les Arriens & tous les herétiques qui combattent fa doctrine : que votre glaive royal intimide ceux qui fe moquent de fes menaces & bravent fes foudres.

Il faut détefter & détruire toutes les idoles de votre cœur : *Incende quod adorafti.*

Ce n'eft pas affez, Prince ; il faut aimer, refpecter & adorer même ce que vous avez détefté : renoncez aux délices, aux attaches, aux plaifirs que les payens fe permettent : leur morale combat celle de l'Evangile. Aujourd'hui, vous vous foumettez aux abbaiffemens & aux rigueurs du Chriftianifme : vous arborez l'étendart de la Croix fur votre Trône & votre couronne : il faut comme Chrétien fuivre JESUS-CHRIST dans la route du Calvaire ; il faut comme celui qui repréfente la grandeur & la puiffance de Dieu, employer votre autorité pour le faire servir & étendre son culte.

Elevez des Temples à sa gloire, décorez ses Autels, procurez des asyles aux miserables : que les profondeurs de nos Mysteres, & les saintes obscurités de notre Foi qui vous révoltoient, soient les grands objets de votre respect & de vos adorations : *Adora quod incendisti.*

Ainsi parla, Messieurs, saint Remy à Clovis dans la cérémonie de son baptême. N'étoit-ce pas là lui parler en Apôtre, en homme suscité de Dieu, animé de son Esprit ?

Vous dirai-je qu'il ne cessa point d'instruire Clovis, & de lui être utile tant qu'il régna ?

Que ne lui dit-il pas, pour lui prouver la nécessité d'être soumis à l'Eglise Romaine, unis au saint Siége, & toujours pénetrés d'un sincere respect pour le Vicaire de JESUS-CHRIST : avec quelle autorité ne l'exhorte-t'il pas à protéger l'Eglise dans ses Etats, à y faire observer les saints Canons, à assembler des Conciles, à se rendre redoutable aux heretiques, & précieux aux Catholiques !

Quelle onction ! que de puissants motifs de consolation dans la lettre qu'il

lui écrivit fur la mort de fa fœur Albo-
flede !

Que de prudence, que de fageffe
dans les avis qu'il lui donne pour le
gouvernement de fon Royaume, lorfqu'il eut déclaré une nouvelle expédi-
tion dans l'Aquitaine, & pour fanctifier
la guerre qu'il déclaroit au Roi Alaric !

Clovis eut, Meffieurs, tant qu'il vécut,
dans faint Remy un Apôtre zelé, un
pere tendre, un guide éclairé dans les
voies du falut & de la pénitence : *Ungis
Reges ad pœnitentiam.*

Mais je me hâte, Meffieurs ; je m'ap-
perçois que le plan que je me fuis tracé
n'eft pas encore rempli, puifque je dois
en finiffant cet Eloge vous repréfenter faint
Remy comme le Thaumaturge des Gaules : *Suftulifti mortuum ab inferis.* C'eft
le fujet de la derniére Partie.

TROISIÉME PARTIE.

DEPEINDRE un Thaumaturge, c'eft,
Meffieurs, dépeindre un de ces hommes
rares, extraordinaires que Dieu donne
en fpectacle au monde étonné pour retracer fa bonté, fa puiffance, fa fageffe ;
un homme puiffant en œuvres, en paroles,

les , que la gloire des miracles accompagne par-tout, & que l'éclat des prodiges annonce de même. Ils ont paru de temps en temps ces hommes merveilleux, en qui la puiſſance de Dieu agiſſoit avec magnificence, & dont les miracles multipliés effaçoient la gloire des Maîtres du monde.

Qu'étoient les Moyſe , les Elie, les Eliſée ? vous le ſçavez : des Dieux en comparaiſon des Monarques qu'ils reprenoient. Moyſe eſt appellé dans l'Ecriture le Dieu de Pharaon. L'éclat tout divin de leur autorité forçoit les Rois d'Iſraël de reconnoître le Dieu puiſſant des Hébreux , qui rendoit de ſimples mortels les inſtrumens de ſes plus redoutables vengeances , ou de ſes plus tendres miſéricordes.

JESUS-CHRIST communique ſa puiſſance à ſes Apôtres : quels rapides progrès ne fait pas ſa doctrine ? Les miracles qu'ils operent ſous les yeux des Pontifes de la Judée , des Empereurs , des Sages de l'Orient , ne font-ils pas chanceler & tomber le Paganiſme ?

Après avoir attaché au char de l'Evangile des milliers de Juifs convertis , n'ont-ils pas fait des conquêtes dans la

E

célébre Académie d'Athènes , & arboré l'étendart de la croix fur le fuperbe Capitole de Rome ?

N'eft-ce pas l'évidence des miracles qui a répandu la honte fur le culte des faux Dieux ? qui a fait rougir les hommes qui les avoient honorés ? qui les a fait renoncer à la vanité des idoles , & qui les a déterminés à embraffer une Religion qui humilie la raifon , & met la nature à l'étroit ? Saint Paul le marque expreffément (1).

Dieu a fufcité de temps en temps , Meffieurs, ces hommes extraordinaires. Saint Martin de Tours ne parut-il pas au deffus de l'homme par fes miracles ? Ne fembloit-il pas être l'arbitre de la nature ? & n'a-t'il pas retracé la puiffance de Dieu jufque dans les Palais des Empereurs ?

Quand l'Eternel a voulu rendre la France Chrétienne , n'a-t'il pas fufcité un autre Thaumaturge , le grand faint Remy ?

Ce n'eft pas moi, Meffieurs , qui lui donne ce nom qui diftingue l'homme de

______

(1) *Confirmata eft , conteftante Deo fignis & portentis.* Epift. ad Hebr. cap. 2.

prodiges des autres ferviteurs de Dieu : c'eft ainfi qu'il a été appellé dans les Conciles par les fouverains Pontifes , dans les Affemblées du Clergé de France , par les Monarques , & les Sçavans ref- pectables.

En effet , Meffieurs , fi les miracles ont précedé & accompagné fa naiffance, n'ont-ils pas auffi été multipliés dans tous les évenemens de fon Epifcopat ?

La puiffance divine n'eft-elle pas def- cendue avec lui dans le tombeau ? Et ce féjour de ténébres, d'humiliation & d'hor- reur pour tous les hommes, n'eft-il pas devenu un féjour de gloire , de puiffan- ce & de confolation ?

Je fçai , Meffieurs , qu'en fait de mira- cles il faut de la circonfpection. Comme ils accréditent la doctrine que l'on prê- che , les hérétiques ont toujours affecté d'en produire : mais ont-ils foûtenu le grand jour ? ont-ils été adoptés par l'Egli- fe ? retraçoient-ils la bonté , la puiffan- ce , la fageffe , la fainteté de Dieu ? Non, Meffieurs : auffi faint Auguftin les rejet- toit-il comme des preftiges , & prouvoit- il aux Donatiftes qu'il ne pouvoit pas s'en opérer de vrais dans leur parti. Il n'en eft pas de même , Meffieurs , des miracles de faint Remy. Sa doctrine, le genre de fes miracles, l'objet de fes miracles, la perpétuité de fes miracles : quatre traits qui les rendent précieux à l'Eglife, & qui nous les garantiffent.

L'idolatrie, l'Arrianifme regnoient dans cette partie confidérable des Gaules, lorfque faint Remy parut. Or, Meffieurs, l'idolatrie & l'Arrianifme ont-ils jamais eu un plus grand ennemi que notre faint Pontife ?

Celui qui détruifoit les Temples des faux Dieux, qui renverfoit leurs autels, brifoit les idoles : celui qui prêchoit à Clovis un feul Dieu éternel, créateur du ciel & de la terre ; qui l'obligeoit à employer fa puiffance pour anéantir dans tous fes Etats le culte aveugle que l'on y rendoit à des hommes mortels, ne favorifoit pas certainement l'idolatrie. Celui qui étoit foumis à l'Eglife Romaine, dont les fouverains Pontifes louoient la foi, le zele & la fainteté, qu'ils déclaroient leur Légat, & revêtoient de leurs pouvoirs, ne favorifoit pas l'Arrianifme. La foi de faint Remy eft donc pure, fa doctrine orthodoxe ; fes miracles ne favorifent donc aucune fecte, aucun parti : Dieu en eft l'auteur. L'Eglife toujours belle, bril-

lante , & infaillible aux yeux de ceux
que les profanes nouveautés n'ont pas
féduits, les adopte : premier trait qui nous
en garantit la vérité.

Dieu pouvoit-il employer une voix plus
forte , plus puiffante , plus magnifique
pour toucher les Payens & les Arriens,
que celle des miracles ? Pouvoit-il mieux
prouver la doctrine que Remy prêchoit ,
& l'accréditer, qu'en le rendant le dépo-
fitaire de fa puiffance ? N'eft-ce pas faire
ce qu'il avoit fait lorfqu'il avoit envoyé
fes Apôtres prêcher ?

Qui pourroit compter tous les miracles que faint Remy a operés pendant
fa longue & brillante carrière ?

Avant fa naiffance Dieu ouvre aux
yeux des Saints la carrière éclatante dans
laquelle il doit le faire entrer : on voit
des prophéties , des révelations , à fa
naiffance des guérifons, des prodiges :
pendant le cours de fa vie que de ma-
lades guéris ! que d'aveugles éclairés ! que
de poffedés délivrés !

Sa prière n'a-t'elle pas délivré Reims
tout-à-coup du fléau redoutable de la
pefte ? N'a-t'elle pas éteint les grands
incendies qui la menaçoient d'un em-
brafement univerfel ? N'a-t'elle pas

mis les plus formidables armées en déroute ?

Je vois la Puiſſance divine qui agit dans ce grand Pontife dès les premiers momens de ſa vie, & aux approches de ſa mort : à ſa naiſſance il rend la vue au Solitaire Montan : avant ſa mort, ſes yeux fermés à la lumière depuis quelques années s'ouvrent miraculeuſement.

C'étoient, Meſſieurs, ces merveilles multipliées qui lui faiſoient donner le ſurnom de Thaumaturge.

Si un vrai Thaumaturge retrace la bonté, la ſageſſe, la ſainteté de Dieu dans les miracles qu'il opere, auſſi-bien que ſa puiſſance ; n'eſt-ce pas avec raiſon qu'on a donné ce glorieux titre à ſaint Remy ? Jugeons-en auſſi, Meſſieurs, par le genres de ſes miracles. Voyoit-on des imperfections, des lenteurs, des myſteres dans les miracles qu'il opéroit ? falloit-il attendre, ſe cacher pour reſſentir les merveilleux effets de la Puiſſance divine ? falloit-il être initiés dans certaines aſſemblées ? la grace des guériſons ne couloit-elle que ſur certaines perſonnes qui lui étoient attachées ?

Ah ! tous ſes miracles étoient une image de la Puiſſance divine, qui fait éclater la bonté, la sagesse & la sainteté d'un Dieu aux yeux des hommes, pour réveiller leur foi & toucher leur cœurs.

Ils portoient tous ces caracteres divins, qui annoncent la magnifique & absolue puissance de celui qui a commandé au néant, à qui rien ne resiste, & dont tous les ouvrages sont saints & parfaits : second trait qui nous garantit les miracles de notre Apôtre.

Ses miracles sont prompts. Les lenteurs dans les guérisons n'annoncent pas suffisamment la puissance d'un Dieu qui est obéi sur le champ, quand il commande.

Ses miracles retracent la bonté de Dieu : ils délivrent les malheureux, des maux & des calamités qui les affligent ; ils s'operent sur les payens, & sur les Arriens.

Ses miracles retracent la sagesse de Dieu : ils sont multipliés dans un temps où ils étoient encore nécessaires, selon saint Paul, dans une province où la lumière de l'Evangile ne faisoit que commencer à briller, chez des peuples qu'il falloit frapper par de grands spectacles de la puissance de Dieu (1).

(1). *Linguæ in signum sunt, non fidelibus, sed infidelibus.* I. ad Cor. cap. 14.

Ses miracles retracent les miracles du premier ordre, que l'Homme - Dieu a operés sur la terre : il reſſuſcite les morts ſous les yeux des payens & des Arriens (1).

Ah ! quel reſpect pour le Dieu que prêche Remy, & les vérités qu'il annonce, quand on le contemple comme le dépoſitaire de la puiſſance divine !

Quand on lui entend dire auſſi que Dieu ne ſort de ſon ſecret, ne fait éclater ſa puiſſance que pour attirer les hommes à la vraie foi & à la ſainteté, que c'eſt-là l'objet des merveilles dont il eſt l'inſtrument : ah ! Meſſieurs, voilà encore un trait qui nous garantit les miracles de notre Apôtre.

Je me repréſente, Meſſieurs, cet Evêque Arrien qui étoit venu dans le Concile

____

(1) Alaric, Roi des Viſigots, avoit une grande vénération pour S. Remy, ainſi que tous les Princes Arriens. Il envoya à notre Apôtre un Seigneur de ſa famille affligé depuis long-temps, parce que ſa fille étoit tourmentée par le démon. Remy pria, elle fut délivrée ; mais elle mourut bientôt après : on eut encore recours au Saint ; il pria, la prit par la main, & lui ordonna de ſe lever : ce qu'elle fit en préſence d'un grand peuple. *Fortunat, Gregoire de Tours, Hincmare.*

où Remy préfidoit, qui y avoit défendu les blafphêmes d'Arrius ; & dont la langue facrilége avoit été liée par une vengeance célefte , & réduite au filence. En vain eft-il profterné , abbatu aux pieds de notre faint Thaumaturge : en vain gémit-il , & par des fignes touchans implore-t-il fon crédit auprès du Seigneur irrité ; Remy ne lui répond que pour lui dire :

Vous implorez en vain le fecours du Ciel , & vous comptez inutilement fur ma protection , & la puiffance que Dieu daigne me communiquer , fi vous êtes toujours Arrien : Dieu ne peut pas fe contredire , il ne fera pas éclater fa puiffance contre fon Eglife qu'il aime, qu'il protege ; elle fera victorieufe de l'erreur jufqu'à la fin des fiécles : l'Enfer même ne fera que de vains efforts pour la détacher de fon Epoux ; elle y fera toujours fidelle.

Voulez-vous obtenir le miracle que vous demandez ? Soyez Catholique fincere : embraffez la doctrine de l'Eglife : foumettez – vous à fes décifions : condamnez ce qu'elle a condamné (1) : c'eft

(1) Cet Evêque Arrien fondoit en larmes dans le Concile aux pieds de S. Remy qui lui dit ces

dans son sein seul qu’il s’opere de vrais miracles.

N’est-ce pas là, Messieurs, rappeller l’objet que Jesus-Christ s’étoit proposé en communiquant sa puissance à ses Apôtres ? N’étoit-ce pas pour rappeller tous les hommes à l’unité de la foi, ne faire qu’un seul bercail, qu’ils opéroient tant de prodiges ? Ceux qui se font pour disperser le troupeau, rompre l’unité, peuvent-ils être regardés comme les œuvres d’un Dieu dont les promesses font infaillibles ?

Ici, Messieurs, se présente à mes yeux un spectacle qui me touche, me saisit : c’est le tombeau de saint Remy. Notre saint Thaumaturge y est encore un homme de miracles : Dieu y perpétue ses merveilles. Comment pourrois-je vous exprimer, en si peu de temps, les tendres sentimens de mon cœur, la pompe des différentes translations que l’on a faites

paroles : Au nom de notre Seigneur Jesus-Christ vrai Fils de Dieu vivant, si tu as véritablement les sentimens qu’on doit avoir de sa Divinité, parle & confesse hautement la créance de l’Eglise Catholique. A la voix de Remy le miracle s’opéra. (*Hincmare.*) L’Evêque parla, & fut un Catholique soumis.

de fon faint corps , la vénération des fouverains Pontifes , la dévotion des Rois , le zele des Evêques pour l'aggrandiffement de fon culte , les témoignages des Princes Arriens témoins oculaires de fa puiffance & de fa gloire ?

Ah ! je ne puis que vous en donner une légere idée , & je crains qu'elle ne foit pas affez précife , affez frappante : vous y fuppléerez , Meffieurs , par vos réflexions.

Quand je vois le féjour des ténébres changé en un féjour de lumières ; une terre d'oubli , felon l'Ecriture , vifitée par les Majeftés de la terre ; l'écueil où fe brifent toutes les grandeurs humaines ; le centre des humiliations effacer la gloire des Palais des Monarques : quand je penfe que ce lieu d'horreur où les Puiffans du fiécle font fi foibles , les riches fi pauvres , les grands fi humiliés , eft un lieu de puiffance , de richeffes , de gloire pour faint Remy ; qu'il y eft puiffant , grand , opulent ; qu'il y regne comme fur un trône ; qu'il y brille comme fur un théatre de gloire ; qu'il y fait couler fur les mortels qui le vifitent , des tréfors de graces & de bénédictions : je m'écrie que Dieu eft admirable dans fes Saints.

Je ne m'arrête pas , Meſſieurs , aux ſomptueux édifices qui le renferment : à l'or, au marbre précieux qui le décorent : je ne fixe pas mes regards ſur les ſuperbes mauſolées de pluſieurs de nos Rois , qui ont voulu que leurs cendres repoſaſſent auprès de ce grand Pontife (1).

Je me repréſente le ſaint corps de Remy dans le tombeau, & je ſuis ſaiſi d'un ſaint reſpect en le voyant jouir comme par anticipation des glorieux priviléges de l'incorruptibilité.

J'admire un monument éclatant de la puiſſance divine qui l'a conſervé près de douze cents ans dans une intégrité , une fraîcheur que la mort détruit & efface ſi promptement dans ceux qu'elle conduit au tombeau (2).

(1) Carloman , frere de Charlemagne ; Louis d'Outremer ; Lothaire ; Fréderone , femme de Charles le Simple ; Gerberge , femme de Louis IV. *Marlot , Tombeau de ſaint Remy , chapitre 9.*

(2) Hincmare trouva le corps de S. Remy entier, & exhalant une odeur céleſte 300 ans après ſa mort. *Flodoard. Hiſt. Rem. lib. 1. cap. 21.* Il fut trouvé de même en 1646. en préſence des Evêques & des Princes, comme il eſt certifié par Mgr Léonard d'Etampes Archevêque

Nous

Nous devons participer un jour, Messieurs, à la gloire du tombeau de Jesus - Christ : nos corps humiliés, détruits, en sortiront à la voix du Tout-puissant, brillants des clartés célestes, incorruptibles, immortels. Mais il n'est pas donné à tous les Elus de participer par anticipation aux triomphes de Jesus-Christ ressuscité : c'est un privilége que nous admirons dans saint Remy, dépositaire de la puissance divine dans le tombeau même.

Je ne suis pas étonné, Messieurs, qu'on ait visité souvent ces sacrées dépouilles de l'Apôtre de la France, & que l'on célébre dans les Annales de l'Eglise cinq pompeuses translations de ce saint Corps (1).

de Reims, qui le visita & en dressa un procès-verbal.

(1) La premiére, de la Chapelle de S. Chris-tophe dans une Eglise plus grande, à cause du grand nombre de Pélerins que les miracles y attiroient : la seconde, par Hincmare : la troi-siéme, par l'Archevêques Foulques & Hervée : la quatriéme, par le Pape Leon IX. la cin-quiéme, par le Cardinal Lenoncour : la sixié-me, par l'Archevêque Léonor D'Etampes. On n'en compte que cinq, à cause que la premiére est appellée miraculeuse & faite sans céré-monies.

F

Je ne suis pas surpris que les souverains Pontifes se soient fait une gloire
de le porter sur leurs épaules (1) : que
les Princes Arriens se soient assurés des
merveilles qui s'opéroient à son tombeau ; & ayent été forcés de rendre hom-
mage à la puissance divine qui y agissoit,
qui le rendoit célebre & précieux dans
toutes les Gaules (2) : qu'un grand Evêque , distingué par son profond sçavoir,
ait porté pour étendre son culte , &
le rendre solemnel, dans une célébre
Assemblée du Clergé de France , &
que tous les Prélats de l'Eglise Gallicane

____

(1) Leon IX. vint à Reims visiter le tombeau de S. Remy ; il fit la Dédicace d'une
nouvelle Eglise pour y transférer le corps du
S. Pontife, & le porta avec respect sur ses épaules à la Procession solemnelle. *Baronius , an-*
no 1049.

(2) Alboin Roi des Lombards envoya des
personnes à Reims au tombeau de S. Remy
pour s'assurer des miracles qui s'opéroient , &
dont Clodosvinde son épouse , petite-fille du
grand Clovis , lui parloit sans cesse pour le reti-
rer du parti des Arriens ; & ces témoins oculaires lui confirmerent la vérité des miracles
qui s'opéroient toujours au tombeau de notre
S. Apôtre, Epît. de saint Nicete Evêque de
Tréves à la Reine des Lombards Clodosvinde ,
rapportée dans Sirmond , *Tom.* 1. *Conc. Gall.*

ayent applaudi à son zele (1). Le Sacer-
doce, & l'Empire s'accorderont toujours,
lorsqu'il s'agira d'honorer la mémoire du
saint Apôtre des François.

Pour nous, Messieurs, en vain comp-
tons-nous sur sa protection, si nous som-
mes de steriles admirateurs des merveilles de son Apostolat, & de sa puissance dans le tombeau. Il faut l'imiter
dans les vertus qu'il a pratiquées, puis-
que la sainteté du cœur est absolument
nécessaire pour participer à la gloire dont
il jouit dans le Ciel, & que je vous souhaite.

(1) Assemblée du Clergé de France de 1657.
Mgr l'Evêque de Châlons en Champagne y
parla pour étendre le culte de S. Remy. Ces
Prélats assemblés adresserent une lettre à tous
les Evêques de France.

F I N.

APPROBATION.

J'Ai lû par ordre de Monseigneur le Chancelier, le *Panégyrique de saint Remy Archevêque de Reims*, prononcé dans l'Eglise de Gif, par M. l'Abbé BALLET, Prédicateur de la Reine. Ce sujet important m'a paru traité avec la dignité qui se remarque dans tous les Ouvrages de M. l'Abbé Ballet.

En Sorbonne le 28. Novembre 1754.

DE MARCILLY.

LOUIS, par la grace de Dieu, Roi de France &
de Navarre : A nos amés & féaux Conseillers,
les Gens tenant nos Cours de Parlement , Maîtres
des Requêtes ordinaires de notre Hôtel, Grand-Conseil,
Prevôt de Paris , Baillifs, Sénéchaux, leurs Lieutenans
Civils , & autres nos Justiciers qu'il appartiendra ,
S A L U T. Notre amé le Sieur BALLET, Curé de
Gif , Nous a fait exposer qu'il désireroit faire imprimer & donner au Public un Ouvrage de sa compo-
sition, qui a pour titre , *Panégyrique de saint Remy ,*
Archevêque de Reims ; s'il nous plaisoit lui accorder
nos Lettres de Permission pour ce nécessaires. A CES
CAUSES, voulant favorablement traiter l'Exposant, Nous
lui avons permis & permettons par ces Présentes , de
faire imprimer ledit Ouvrage autant de fois que bon lui
semblera ; & de le faire vendre & débiter par-tout
notre Royaume pendant le temps de trois années
consécutives , à compter du jour de la date des Présentes.
Faisons défenses à tous Imprimeurs & Libraires , &
autres personnes, de quelque qualité & condition qu'elles
soient , d'en introduire d'impression étrangére dans aucun lieu de notre obéissance ; à la charge que ces Présentes seront enregistrées tout-au-long sur le Registre
de la Communauté des Imprimeurs & Libraires de
Paris , dans trois mois de la date d'icelles ; que l'impression dudit Ouvrage sera faite dans notre Royaume ,
& non ailleurs , en bon papier & beaux caractéres ,
conformément à la feuille imprimée attachée pour
modele sous le contre-scel des Présentes ; que l'Impé-
trant se conformera en tout aux Réglemens de la Librai-
rie , & notamment à celui du 10. Avril 1725. qu'avant
de l'exposer en vente , le Manuscrit qui aura servi de
copie à l'impression dudit Ouvrage , sera remis dans
le même état où l'Approbation y aura été donnée ,
ès mains de notre très-cher & féal Chevalier, Chancelier de France, le Sieur DE LAMOIGNON ; & qu'il
en sera ensuite remis deux Exemplaires dans notre

Bibliothéque publique, un dans celle de notre Châ-
teau du Louvre, & un dans celle de notredit très-cher
& féal Chevalier, Chancelier de France, le Sieur De
LAMOIGNON, & un dans celle de notre très-cher &
féal Chevalier, Garde des Sceaux de France, le Sieur
DE MACHAULT, Commandeur de nos Ordres, le tout
à peine de nullité des Préfentes. Du contenu defquelles
vous mandons & enjoignons de faire jouir ledit Expo-
fant & fes ayans caufes, pleinement & paifiblement,
fans fouffrir qu'il leur foit fait aucun trouble ou empê-
chement. Voulons que la copie des Préfentes, qui fera
imprimée tout-au-long au commencement ou à la
fin dudit Ouvrage, foit tenue pour duëment fignifiée ;
& qu'aux copies collationnées par l'un de nos amés &
féaux Confeillers & Secrétaires, foi foit ajoûtée comme
à l'original. Commandons au premier notre Huiffier
ou Sergent fur ce requis, de faire pour l'exécution
d'icelles tous actes requis & néceffaires, fans demander
autre permiffion, nonobftant clameur de Haro, Char-
te Normande, & Lettres à ce contraires: CAR tel eft
notre plaifir. Donné à Verfailles le huitiéme jour du
mois de Février l'an de grace mil fept cent cinquante-
cinq, & de notre Régne le quarantiéme. Par le Roi
en fon Confeil.

PERRIN.

*Regiftré fur le Regiftre XIII. de la Chambre Royale
des Libraires & Imprimeurs de Paris, N° 500. fol. 391.
conformément aux anciens Réglemens, confirmés par celui
du 28. Février 1723. A Paris ce 21. Mars 1755.*

DIDOT, Syndic.